EXTRAIT DE L'OBSERVATEUR DES TRIBUNAUX,
JOURNAL DES DOCUMENS JUDICIAIRES.

Cour de Cassation.

MÉMOIRE

POUR

M. TASSIN DE MESSILLY,

PRÉVENU D'AVOIR PRATIQUÉ DES MANOEUVRES ET ENTRETENU
DES INTELLIGENCES AVEC

DON CARLOS,

ENNEMI COMMUN DE LA FRANCE ET DE L'ESPAGNE, ALLIÉE DE LA FRANCE;
ET D'AVOIR, PAR LES MÊMES FAITS, EXPOSÉ LA FRANCE A UNE DÉCLA-
RATION DE GUERRE.—CRIMES PRÉVUS PAR LES ART. 77, 79 ET 84.

Nota. L'OBSERVATEUR DES TRIBUNAUX, *Journal des documens judiciaires*, pour servir à l'étude de l'éloquence du bar-
reau, de la jurisprudence, des passions, des mœurs et de
l'histoire, par EUGÈNE ROCH, paraît chaque mois, depuis le
1er janvier 1833, par livraison de 100 pages in-8°, beau
papier satiné: 3 vol. par an.— Prix : 20 fr. et 24 fr. pour les
départemens; 6 mois, 11 fr. et 13 fr. Bureau, rue de Pro-
vence, n° 63. Même prix pour la collection.
Tous les documens judiciaires importans y sont recueillis
avec une stricte impartialité.

MÉMOIRE

POUR M. TASSIN DE MESSILLY (1),

*Prévenu d'avoir pratiqué des manœuvres et entretenu des intelli-
gences avec* DON CARLOS, *ennemi commun de la France et de
l'Espagne, alliée de la France, et d'avoir, par les mêmes faits,
exposé la France à une déclaration de guerre; crimes prévus
par les articles 77, 79 et 84 du Code pénal.*

———

Très-souvent des événemens imprévus viennent changer le
sort de nos destinées; les révolutions rendent ces changemens
très-fréquens.

On se rappellera la guerre d'Espagne en 1808; elle a eu
pour la France et pour son auteur les conséquences les plus
funestes; je lui dois mes relations avec tous les membres de
la famille royale d'Espagne, relations toujours *officieuses* et
gratuites, toutes honorables, quoique elles aient aujourd'hui
pour dénoûment de me placer devant une Cour d'assises.

Napoléon, après avoir attiré en France le roi Ferdinand,
don Carlos, son frère, don Antonio, leur oncle, en l'année 1808, leur donna pour prison le château de Valençay,
moyennant (soit dit en passant) la somme exorbitante de
50,000 francs par an, que les princes espagnols payèrent pendant six années au prince de Talleyrand.

———

(1) Nous croyons devoir compléter les documens de cette affaire par le
mémoire que M. Tassin de Messilly avait préparé pour sa défense, et
qui nous a paru offrir un intérêt spécial sous le rapport des faits.

(Note du rédacteur.)

Le départ des princes de Bayonne pour Valençay avait été tellement précipité, qu'on avait oublié de faire passer des fonds pour leur arrivée. Le duc de Bassano chargea MM. Cabarus de leur compter 300,000 francs ; ces messieurs m'expédièrent un courrier à Orléans , avec prière de faire tenir cette somme sans délai à Valençay ; cet incident fit que je fus long-temps chargé de toutes les opérations financières des princes.

Désirant régler et régulariser tous les comptes , je me rendis à Valençay avec l'autorisation de la double police des ducs de Rovigo et de Frioul.

On concevra facilement les divers sentimens dont je fus agité en voyant ces augustes captifs ; comme Français, je partageais l'opinion générale sur l'iniquité de la conduite du gouvernement impérial ; comme négociant, les conséquences de la guerre entraînaient chaque jour la ruine de ma maison.

Je dirai que depuis 1808 jusqu'au mois de février 1814 , c'est-à-dire pendant six années , et sous le gouvernement impérial, j'ai été personnellement en rapport avec les princes d'Espagne. La police de Napoléon fut alors plus tolérante envers moi que celle aujourd'hui de Louis-Philippe.

Le roi Ferdinand retourna dans ses états en mars 1814; il oublia bientôt sa captivité et tous ceux qui , comme moi, avaient si puissamment contribué à en adoucir les rigueurs.

En l'année 1820, une révolution éclata à Madrid , une constitution fut imposée à Ferdinand ; ce prince chargea divers affidés de ses instructions secrètes tant pour l'intérieur que pour l'extérieur ; mon nom revint alors à son souvenir, et je me suis trouvé, depuis 1820 jusqu'à la fin de 1823 , occupé des intérêts politiques et financiers de la famille d'Espagne ; l'intervention de la France rappela le roi Ferdinand dans sa capitale au mois de septembre 1823 , j'arrivai à Madrid dans le mois de décembre suivant.

L'accueil que je reçus du roi et de la respectable reine Amélie (objet aujourd'hui des regrets de tous les Espagnols), fut la seule récompense , non-seulement des services que je venais de rendre, mais encore de ceux que j'avais précédemment rendus, car je séjournai en Espagne jusqu'au mois d'août 1826, c'est-à-dire près de trente-deux mois, sans pouvoir obtenir une simple préférence pour les emprunts, tous concédés d'avance à M. Aguado par le ministère Ballesteros, ni la liquidation et le paiement de créances dues bien légitimement par l'Espagne en vertu des traités avec la France.

Pendant ce voyage, je fus assez heureux, à la suite de diverses conférences avec M. Ugarte et avec M. Erro, pour contribuer à déterminer le roi d'Espagne à reconnaître à la France une somme de 34 millions; et si le gouvernement français avait voulu alors me seconder, la France aurait retiré le prix des énormes sacrifices qu'elle venait de faire; mais, en 1823, à la suite d'un voyage à Madrid du comte Pozzo di Borgo, la Russie eut tous les honneurs de notre intervention; en 1834, ce sera l'Angleterre qui en aura tous les avantages; c'est bien le cas de s'écrier avec le *Journal des Débats* : Malheureuse France!

Je dois ajouter que dans l'intervalle de 1823 à 1826, je fis deux voyages de Madrid à Paris, que je fus chargé de remettre à S. A. R., alors monseigneur le duc d'Orléans, des lettres de sa famille, et que dans les deux conférences qui me furent accordées par S. A. R., nous fûmes parfaitement d'accord sur les fausses conséquences d'une intervention en Espagne.

Ma position financière me détermina à retourner à Madrid au mois de juin 1832, pour y faire de nouvelles propositions d'emprunt au nom de maisons d'Anvers, et en même temps pour y solliciter de nouveau la liquidation et le paiement des créances dont j'ai déjà parlé.

La cour était à la Granja; je me rendis à cette résidence royale les premiers jours d'août 1832, et j'obtins le même jour de mon arrivée une audience du roi, auquel j'exposai franchement ma position et le double but de mon voyage. Jamais S. M. ne me témoigna un plus vif intérêt, et ne me parla avec plus de franchise; elle ne me laissa point ignorer les difficultés que j'éprouverais pour mes offres d'emprunt, par suite des engagemens antérieurement contractés avec M. Aguado; mais elle me donna sa parole royale de faire procéder à la liquidation et au paiement des créances que je réclamais; en effet, le même soir le roi en parla au ministre d'état, comte d'Alcudia, et ce dernier m'assura qu'aussitôt son arrivée à Madrid, j'aurais prompte expédition et prompte justice.

C'est dans cette même audience que le roi Ferdinand écouta très-tranquillement mes observations sur les changemens qu'il avait apportés dans l'ordre de la succession, en appelant sa fille au trône à défaut de mâle, au préjudice de don Carlos son frère:

Il est important de faire remarquer que ces conversations entre le roi Ferdinand et moi avaient lieu dans les premiers jours d'août 1832, et que c'est vers la fin de ce même mois que le roi tomba dangereusement malade; croyant sentir son heure dernière approcher, ayant toute sa tête, après avoir reçu tous les sacremens, il appelle tous ses ministres, rétracte et rapporte en présence de la reine Christine, et avec son plein et libre consentement, le décret dont je viens de parler, et rappelle son frère don Carlos comme son héritier légitime.

La maladie, ou plutôt l'état du roi devint tel, que sa mort fut officiellement annoncée le 14 septembre 1832.

Que l'on se figure cette nuée de courtisans qui vint encombrer les salons, les antichambres de don Carlos, que je voyais déserts depuis si long-temps, et l'on jugera de la réaction qui dut s'opérer quand on annonça que Ferdinand était miraculeusement sorti des portes du tombeau, et quelques jours après, qu'il révoquait le décret fait volontairement à son lit de mort, et appelait de nouveau sa fille à lui succéder.

A tort on a attribué ce changement subit de Ferdinand à la reine Christine; il a été la suite du retour de l'Andalousie de dona Luisa-Carlota, femme de don Francisco de Paula. Il serait hors de propos, et trop long, d'énumérer les intrigues de cette princesse; il suffira de dire qu'elle est, en tout et pour tout, la digne petite-fille de la Caroline de Naples.

Le roi Ferdinand, moins que convalescent, revint à Madrid; le ministère fut totalement changé; on licencia beaucoup de gardes-du-corps; on renvoya les officiers de la garde royale; enfin, on profita de la longue agonie du roi pour désorganiser les volontaires royalistes, et remplacer dans toutes les administrations civiles et militaires les vrais soutiens du trône et de l'autel, par tous ceux qui avaient été les plus zélés pour la constitution de 1820; on rappela la majeure partie des exilés; enfin, on annonça pour le mois de juin de 1833 la cérémonie de la reconnaissance de la fille de Ferdinand comme princesse des Asturies, et en cette qualité, à défaut de mâles, comme héritière de la couronne d'Espagne, à l'exclusion de don Carlos, alors héritier présomptif en vertu du traité d'Utrecht.

M. Zéa Bermudès, qui avait remplacé le comte d'Alcudia aux affaires étrangères, pour complaire à dona Luisa-Carlota, avait persuadé à Ferdinand qu'il était important de faire sortir du royaume la princesse de Beira, sœur de la femme de don Carlos; en conséquence, on fit réclamer cette princesse par don Miguel son frère, et on lui donna à peine huit jours pour quitter l'Espagne.

L'infant don Sébastien, fils de la princesse de Beira, obtint un congé de deux mois pour accompagner avec sa femme (sœur de la reine Christine) son auguste mère à Lisbonne.

Don Carlos, prince éminemment vertueux, et que l'on peut, sans crainte d'être contredit, proclamer le plus honnête homme de son royaume, compagnon fidèle de son frère dans ses captivités de Valençay et de Cadix, avait eu avec Ferdinand divers entretiens au sujet de ses droits à l'hérédité au trône d'Espagne; il ne lui avait point dissimulé, même en présence de la reine Christine, qu'il ferait valoir ses droits s'il venait à mourir sans enfans mâles, qu'il ne prêterait aucun serment, enfin, qu'il ferait une protestation solennelle. Ce prince, en apprenant le départ de sa belle-sœur pour le Portugal, demanda au roi la permission de l'accompagner jusqu'à Lisbonne. Non, répondit sèchement Ferdinand, l'infant don Sébastien et sa femme y vont, c'est assez.

Quelques heures après cet entretien, le ministre Zéa vint chez le roi; sa majesté lui fit part de la demande de don Carlos, et de la réponse qu'elle avait faite.... « Quoi! s'écria le ministre, vo-
« tre majesté n'a pas jugé de quelle importance il serait que
« l'infant ne se trouvât point à la cérémonie de juin; on ne peut
« prévoir quelles seraient les conséquences de sa présence, de
« sa protestation; sire, dans vos intérêts, dans ceux de la
« reine, de vos enfans, accordez à don Carlos la permission
« qu'il vous demande, non-seulement pour lui, mais pour
« toute sa famille. »

Le roi, faisant droit aux observations de Zéa, le chargea d'aller tout de suite en porter la nouvelle à don Carlos. En conséquence, le départ pour Lisbonne de ce prince et de toute sa famille eut lieu dans le mois d'avril 1833.

Tous les faits que je viens de rapporter, je les tiens de don Carlos lui-même. En prenant congé de S. A. je contractai avec elle l'engagement d'aller la rejoindre en Portugal le plus tôt qu'il me serait possible.

Je ferai ici trois observations importantes :

La première, qu'à la fin de mai l'ordre me fut donné de quitter Madrid dans les huit jours, et que ce ne fut que sur les représentations de l'ambassadeur de France que j'obtins diverses prolongations de séjour.

La seconde, que la fête dite de la *Jura,* pour la reconnais-sance de la princesse des Asturies, eut lieu dans le mois de juin, cérémonie qui, malgré tout l'éclat dont elle fut entourée, porta un coup mortel à Ferdinand VII, par le morne et uni-versel silence du peuple, *silence* qui fut un trait de lumière pour tout le corps diplomatique sans exception.

La troisième, que, pour la première fois, il me fut impossible d'avoir une nouvelle audience du roi, dont on craignait de me rapprocher ; la reine même, à laquelle j'en fis demander une, n'osa pas me recevoir. J'ai appris depuis que je devais ce double refus à la princesse dona Luisa-Carlota.

La santé du roi devenait chaque jour plus chancelante, et, malgré tout ce que l'art et l'adresse purent inventer pour cacher aux yeux du public la position du monarque, son heure dernière arrivait.

La présence prolongée de don Carlos en Portugal paralysait depuis quelque temps les bonnes dispositions du gouvernement espagnol pour don Miguel.

On avait chargé M. Louis de Cordoba (1), ambassadeur d'Espagne en Portugal, de harceler don Carlos, afin de le faire partir pour l'Italie avec toute sa famille ; on se servait de la griffe de Ferdinand pour faire passer chaque jour les ordres les plus impératifs. Don Carlos, sous divers prétextes, retardait son embarquement ; le fait est que la reine Christine, conseillée par sa sœur, faisait mettre dans les journaux et répandait dans le public que S. M. jouissait d'une parfaite santé, tandis que ce malheureux monarque, soutenu par les remèdes les plus violens, était forcément porté et attaché dans sa voiture. Don Carlos, informé du véritable état de son frère, avait la certitude qu'il ne pouvait long-temps prolonger son existence ; les instances réitérées de Zéa et de Cordoba lui en donnaient une nouvelle conviction, et c'est cela qui motivait le retard apporté par le prince à sortir du Portugal pour se rendre en Italie.

M. Zéa Bermudès ayant été informé que mon intention était de me rendre en Portugal près de don Carlos, eut avec moi diverses conférences au ministère des affaires étrangères ; elles eurent pour principal objet de m'engager à déterminer don Carlos

---

(1) Cordoba est le même général dont le nom (Cordova) a retenti dernièrement dans les journaux, à propos d'un combat livré à Zumalacarreguy. En français, le *b* espagnol se remplace souvent par le *v*.

(Note du rédacteur.)

à quitter le Portugal, autant dans son propre intérêt que dans celui de don Miguel. J'étais d'accord sur ce point avec le ministre; mais, dans nos entretiens, nous ne différions que sur l'époque, plus ou moins rapprochée, de la mort de Ferdinand, et sur les conséquences de cet événement.

Je dois dire que M. Zéa aborda avec moi la question de l'hérédité avec une franchise égale à la mienne; il me parla en homme convaincu des droits d'Isabelle II, et bien déterminé à les soutenir.

Enfin, je pars de Madrid le 8 septembre 1833; j'arrive le 16 à Abrantès près de don Carlos. Notre première entrevue eut pour résultat que ce prince s'embarquerait le 10 ou le 15 octobre pour l'Italie.

La mort de Ferdinand, arrivée le 29 septembre, fut officiellement signifiée à don Carlos, à Santarem, par l'ambassadeur Cordoba, le 4 octobre 1833. Cet événement fit changer les dispositions du prince, déterminé à faire valoir ses droits à la couronne d'Espagne, en conformité de la protestation qu'il avait adressée directement à Ferdinand VII, et à tous les souverains de l'Europe.

Accusé aujourd'hui d'être l'ennemi d'un allié de la France, je me vois forcé d'analyser l'entretien que j'ai eu à Santarem, le 5 octobre, avec M. Cordoba.

J'avais beaucoup entendu parler de M. Cordoba, surtout depuis la révolution de 1820. J'avais quelquefois eu l'avantage de le rencontrer à Madrid et à Paris. Issu d'une famille distinguée, jeune homme ardent, doué de beaucoup d'esprit, il était connu par ses principes monarchiques et anticonstitutionnels; je fus, je l'avouerai, étrangement surpris d'apprendre de sa propre bouche qu'il était déterminé à servir la reine Christine et sa fille Isabelle II, et qu'il ne trahirait jamais l'engagement qu'il avait contracté envers elles.

« Vous me connaissez, lui dis-je, vous savez que je suis pour don Carlos; que j'aime, que j'estime ce prince; que je suis convaincu de ses droits. Je ne viens pas vous engager à agir contre votre conscience, contre votre conviction, contre vos engagemens ; mais permettez-moi de vous faire une seule question.

« — Laquelle? s'écria-t-il avec sa vivacité accoutumée.

« — Êtes-vous Espagnol ?

« — Oui, et je l'ai prouvé.

« — Hé bien ! verrez-vous tranquillement le sang espagnol couler?... la guerre civile dans votre patrie ?...

« Appellerez-vous encore une fois les étrangers?...Vous connaissez trop bien l'Espagne et les Espagnols pour ne pas savoir que l'immense majorité de la nation est et sera pour don Carlos? que le parti de la reine ne peut, en définitive, se composer que de partisans de la constitution de 1820, de vos propres ennemis, de ceux que vous avez vous-même appelés *josephinos, communeros* et *negros ?* Vous savez qu'en Espagne il y a peu de prolétaires ; qu'il n'y a pas de parti intermédiaire entre les royalistes et les révolutionnaires ; que la reine ne se pouvant appuyer que sur ces derniers, elle sera bientôt débordée par eux, malgré tous les efforts de M. Zéa.

« Je sais que vous avez eu quelques différens avec l'infante dona Francisca et avec sa sœur la princesse de Beira ; aujourd'hui tout doit s'oublier. Vous connaissez mieux que moi dona Luisa-Carlota, femme de l'infant don Francisco ; vous connaissez sa tête ; elle renversera sa sœur et ses nièces ; elle vous conduira à la république, après avoir ceint le front de son mari de la couronne constitutionnelle ; ainsi, monsieur, guerre civile et république !... Quel est l'Espagnol qui puisse envisager cela de sang-froid? Ce ne peut être vous, monsieur de Cordoba... Ne serait-il donc pas possible, pour éviter de grands malheurs, de venir à un accommodement? Don Carlos m'honore de quelque confiance, vous avez celle de la reine ; voyons, que pouvons-nous faire?

« —Rien avec un homme comme don Carlos, me répondit-il en se levant.

« — Hé quoi ! repris-je, en 1833 on verra dix-huit millions

d'hommes exposés à tous les fléaux pour deux enfans, deux
filles, l'une en Portugal, âgée de douze ans; l'autre en Espagne, de trois ans. Il faut que toutes les puissances aient un
grand intérêt à voir la Péninsule ravagée pour ne pas faire
terminer des querelles de famille en famille, et préférer la
guerre civile, qui peut amener plus tard une guerre générale?

« — Assez, monsieur Tassin. Adieu, monsieur Tassin. »

Monsieur Cordoba me quitte, monte dans sa voiture, et
retourne à Tomar, où était sa résidence.

Ce langage était-il celui d'un ennemi de la France, de l'Espagne, du Portugal, d'un ennemi de l'humanité?

Je dois faire remarquer que ce même Louis Cordoba, fidèle
à sa parole de servir la reine Christine, commande aujour-
d'hui en Navarre une division; il est un des officiers les plus
acharnés contre don Carlos, et, suivant l'exemple de Rodil,
on dit qu'il le surpasse en cruautés.

J'ai dit précédemment que c'était à Santarem, le 4 octobre,
à sept heures du soir, que don Carlos apprit la mort de son
frère; le lendemain 5, à dix heures du matin, ce prince était
à cheval, partant sans suite pour Marvao, distant de deux
lieues de la frontière de l'Espagne.

Chaque jour don Carlos recevait des lettres par lesquelles
on lui annonçait que l'insurrection allait avoir lieu à Madrid;
on l'engageait à observer la plus grande circonspection, des agens
de la reine ayant été envoyés sur toutes les frontières.

Don Carlos, après onze jours de séjour à Marvao, fatigué
de son inaction, apprend l'insurrection de la Biscaye; il en-
voie divers agens dans les ports de Figueira, Viana de Minho,
Villa do Conde, Caminha, pour y fréter un simple bâtiment
de commerce à l'effet de se rendre à Bilbao; mais le sévère
blocus de tous ces ports par les croisières de don Pédro, qui
ne laissait pas même sortir des bateaux pêcheurs, fit que
les armateurs et les propriétaires ne voulurent pas fréter leurs
bâtimens. Ces réponses, qui parvinrent à don Carlos à Castello-

Branco, le déterminèrent à partir pour Miranda do Douro, ville située sur ce fleuve qui sépare le Portugal de l'Espagne. Ce voyage avait été motivé sur l'annonce que douze cents hommes se réunissaient à Astorga, et que le prince pouvait en toute sécurité s'y rendre. Heureusement M. Salvador de Corréa, aide-de-camp de don Miguel, arriva à Miranda le dimanche, à quatre heures du soir, pour prévenir le prince qu'il était trahi, et le faire partir pour Mirandella ; effectivement, le lendemain à six heures du matin, les troupes de la reine avaient violé le territoire portugais, et étaient entrées à Miranda.

Ce fut à cette époque qu'un Français nommé M. Auguet de Saint-Silvain, qui avait déjà été chargé de missions très-périlleuses pour don Carlos, sauva l'évêque de Léon d'une manière miraculeuse, et l'accompagna jusqu'à Villa-Réal ; c'est le même personnage qui a fait traverser toute la France à don Carlos pour se rendre en Navarre ; il a été nommé briga+ dier et baron, sous le titre de Las Valles.

Des serviteurs fidèles, malgré la surveillance des christinos, viennent rejoindre leur souverain ; don Carlos, à la tête d'un petit nombre de braves, vint entrer dans ses états ; il est arrêté par la politique, par l'honneur.

Don Miguel, dont la position devenait de plus en plus fâcheuse par l'abandon total de l'Espagne, craignant d'indisposer la France et l'Angleterre, s'il autorisait une invasion en Espagne, vint arrêter les mouvemens de don Carlos.

Cette analyse, jointe à ce que don Carlos a fait depuis, suffira pour répondre aux reproches qui lui ont été si injustement adressés par ses ennemis.

C'est vers cette époque que nous apprîmes en Portugal la reconnaissance par la France d'Isabelle II ; cette reconnaissance fut une faute grave qui parut d'autant plus extraordinaire que l'ambassadeur du roi des Français à Madrid était le seul parmi le corps diplomatique qui pût donner les renseignemens les plus formels sur la position présente et future de l'Espagne, par la connaissance qu'il avait acquise sur les divers partis qui devaient s'élever à la mort de Ferdinand, sur les chefs qui n'auraient qu'une existence momentanée, comme Zéa Bermudès, Cruz, Kaffranga, sur ceux qui s'élèveraient tour à tour, comme Martinez de la Rosa, San Martin, Burgos, Argüelles, Romero Alpuente, et enfin sur le parti qui, appuyé par les masses, finirait par faire triompher le *parti de don Carlos*.

Le gouvernement français a pensé que la reconnaissance d'Isabelle II dessinerait seulement deux partis en Espagne : le parti de la reine, dit christinos, et le parti de don Carlos ; cette confiance du gouvernement français était fondée sur les assurances données par le comte de Colombi, frère de M. Zéa, chargé d'affaires à Paris.

La circulaire seule de M. Zéa Bermudès, suffisait à la mort de Ferdinand, pour démontrer l'ignorance de ce ministre sur la position de l'Espagne, et sur le caractère des Espagnols, ce qui ne devait pas paraître extraordinaire, puisque M. Zéa avait toujours été absent de son pays depuis la guerre de l'indépendance.

L'opinion générale était, en Espagne, que la mort de Ferdinand serait le signal d'une insurrection dans toutes les provinces, et que l'immense majorité de la nation se prononcerait en faveur de don Carlos ; il était donc de la prudence et de la politique du gouvernement français d'attendre les événemens, pour ne pas s'exposer à se trouver engagé dans une lutte qui pourrait avoir les conséquences les plus funestes.

Il faut convenir que les événemens n'ont pas répondu tout de suite aux espérances que l'on avait d'une insurrection générale ; que la reconnaissance de la France et de l'Angleterre, que l'assurance que l'on donnait que Rome, Naples, la Sardaigne, et les trois cours du Nord allaient reconnaître la jeune reine, enfin que les mesures vigoureuses prises par le gouvernement de Christine, l'envoi dans les provinces de capitaines-généraux qui lui étaient dévoués, tels que les Morillo , Rodil, Castro-Toreno , Quesada, Espeletta, Amarillas, Llander, tout contribua à paralyser le mouvement que l'on croyait devoir s'opérer dans toute la Péninsule ; aussi le gouvernement français , dans les premiers momens , semblait s'applaudir de la détermination qu'il avait prise ; mais les insurrections des provinces basques et du royaume de Navarre , les guérillas qui se formèrent dans les différentes provinces de la Péninsule , la retraite de M. Zéa , le renvoi de M. Burgos , les massacres de Madrid , les changemens dans la forme du gouvernement espagnol , le statut royal, qui constituait deux chambres ; toutes ces mesures qui auraient dû être prévues par le gouvernement français , et dont il aurait dû calculer toutes les conséquences , devaient lui faire suspendre la reconnaissance de la reine Isabelle II , et lui faire suivre la marche des cours du Nord ; au lieu de se laisser entraîner par l'exemple de l'Angleterre ; c'était déjà beaucoup trop , de laisser cette puissance exercer une domination absolue sur le Portugal , sans l'appeler à partager celle que la France espérait pouvoir acquérir sur l'Espagne.

La conséquence de la reconnaissance d'Isabelle II a entraîné la France plus tard à figurer dans le traité de la quadruple alliance ; s'il était permis, à la mort de Ferdinand, de se livrer à des illusions , à des espérances , à coup sûr, à la fin d'avril 1834, c'est-à-dire sept mois après la mort du roi , les choses avaient pris une telle tournure , que le gouvernement français aurait dû mûrement réfléchir avant de figurer dans un traité dont les résultats étaient de replacer le Portugal sous la main et sous l'influence de l'Angleterre , en suscitant à la France , dans l'Espagne , un ennemi dangereux, soit que la république vienne à s'y établir, soit que don Carlos vienne à y triompher.

Il y a , en dehors du gouvernement de la reine Christine , un parti qui veut renverser tout ce qui existe aujourd'hui , c'est-à-dire qu'il veut d'abord que la régente dépose ses pouvoirs , pour les confier provisoirement à l'infant don Fran-

cisco , que la reine douairière aille à Naples fixer sa résidence ,
au moyen d'une pension convenue , emportant avec elle le
fruit de ses amours , le fruit de ses économies , et le trésor
laissé par Ferdinand VII, qu'on peut calculer à cinquante millions de francs ; il veut que Martinez de la Rosa , après avoir
remplacé Zéa Bermudès , cède son portefeuille à Argüelles ;
que celui-ci, trop divin , soit remplacé par San Miguel, Romero Alpuente , ou Galliano.

Une fois ce premier pas fait, ou la république sera procla-
mée , ou une nouvelle constitution demi-républicaine placera
la couronne d'Espagne sur la tête de don Francisco ; dans
l'un comme dans l'autre cas, on demandera quelle sera la
conduite de la France dans là position où elle se trouve placée
d'après le traité de la quadruple alliance ?

Don Francisco de Paula avait été solennellement exclu
par les cortès de Cadix , et il n'est point hors de propos de
rappeler que ce fut sur les instances de don Carlos que
Ferdinand , en 1814 , consentit à réhabiliter Francisco dans
tous ses droits d'infant d'Espagne.

On ne craint point de dire que si la France a agi avec trop de
précipitation , elle a encore prouvé qu'elle n'avait aucune connaissance du caractère de don Carlos, ni de l'avantage qu'elle
aurait pu tirer en soutenant ses légitimes droits. Don Carlos est
un prince de parole; en politique, il eût (comme son père à
une autre époque) exécuté fidèlement les traités qu'il aurait
contractés avec la France. En finances, son système n'eût pas
été, comme en France, d'égaler les recettes aux dépenses, de
faire, comme M. Toreno, ministre christino, une banqueroute
aujourd'hui, pour en préparer une autre pour demain; de
présenter, comme les révolutionnaires espagnols , les biens du
clergé comme une immense ressource pour l'état, dans un
pays où, à trois lieues de la capitale, des terres patrimoniales
avec château et toutes les dépendances ne peuvent se vendre
à raison de 20 fr. l'arpent; et à trente lieues de Madrid, à
1 fr. 50 c., à 1 fr. l'arpent; dans un pays , enfin, où le

gouvernement ne trouve pas à concéder pour rien des terres incultes.

Le plan de finances de Charles V est de diminuer l'armée, de confier sa personne et la défense du royaume aux volontaires royalistes, véritable garde nationale, d'abolir les sinécures, de supprimer les doubles traitemens, d'apporter la plus stricte économie dans toutes les branches de l'administration, de payer toutes les dettes nationales et étrangères régulièrement et légitimement contractées, et s'il faut 200 millions de francs pour toutes les dépenses de l'état, et que les recettes ne s'élèvent qu'à 150 millions, de réduire tous les employés et toutes les dépenses d'un quart, en donnant l'exemple pour lui et toute sa famille.

Je reviens à ce qui m'est personnel. J'accompagnai en Portugal don Carlos depuis le 4 octobre 1833 jusqu'au 1er janvier 1834, jour où j'ai quitté Villa-Réal pour aller m'embarquer à Caminha; mais une chute de cheval m'ayant forcé de rester vingt-quatre heures à Viana; j'arrivai trop tard à Caminha, le bâtiment avait fait voile pour l'Angleterre; je revins à Viana, où j'ai resté jusqu'au 14 mars 1834, n'ayant pu qu'à cette époque me procurer un petit bâtiment que je frétai pour Bordeaux.

Je dois rappeler ici que le 19 décembre 1833, c'est-à-dire onze jours avant mon départ de Villa-Réal, don Carlos m'avait chargé de négocier pour son compte un emprunt de 5 millions de piastres, soit 27 millions de francs, et qu'un agent d'une maison de Paris étant venu me trouver à Viana-de-Minho, à la fin de février, je contractai avec lui, les premiers jours de mars, un emprunt conditionnel.

Voici la traduction du décret :

DÉCRET ROYAL.

« Pour remplir les grandes obligations que j'ai contractées envers Dieu, et répondre à l'attente de tout le peuple espagnol,

qui désire si ardemment me voir occuper le trône de mes ancêtres, j'ai jugé à propos d'ouvrir un emprunt de cinquante
mille obligations au porteur, à 100 piastres fortes chaque, et
par conséquent d'un capital de 5 millions de piastres.

« Art. Ier. Il sera créé cinquante mille obligations au porteur, de 100 piastres chaque, avec l'intérêt annuel de 5 pour
100.

« Art. II. Le remboursement aura lieu en dix ans ou séries
de cinq mille obligations chacune.

« Art. III. Au 1er février de chaque année, on tirera une
série dont le remboursement au pair aura lieu le 1er mars
suivant.

« Art. IV. Le premier tirage se fera le 1er février 1835.

« Art. V. Les porteurs qui désireront recevoir le paiement
annuel des intérêts et le remboursement des séries, soit à
Paris, Bayonne, Perpignan, Londres ou Anvers, devront se
présenter dans les dites villes avant le 1er mars, chez les banquiers qui seront désignés ultérieurement ; mais les paiemens
des séries n'auront lieu que le 1er avril.

« Art. VI. Tous les revenus du royaume et mes biens particuliers sont affectés à la sûreté du paiement des intérêts et
séries des cinquante mille obligations.

« Art. VII. Pour donner plus de facilité et de garantie aux
porteurs des cinquante mille obligations, elles seront reçues,
à partir du 1er janvier 1835, par le gouvernement, en paiement du tiers des droits des douanes.

« Art. VIII. Si l'obligation du porteur excédait le tiers de
sa dette, on inscrirait, sur l'obligation même, le montant de
la somme qu'il a payée, ainsi que le reste de l'obligation,
afin qu'on la déduise à l'époque du remboursement de la série
à laquelle appartient la dite obligation.

« Art. IX. Je ne doute pas que mes fidèles sujets et le clergé,
qui m'inspirent la plus grande confiance, ne concourent à me
faire atteindre le noble but que je me propose, en contribuant
au placement de ces obligations, puisqu'ils savent qu'ils doi-

vent servir à assurer le triomphe de la religion et de la légitimité.

Art. X. M. Tassin de Messilly est chargé de la confection et du placement des cinquante mille obligations, dont il nous rendra compte.

Vous l'aurez pour entendu et veillerez à son exécution.

A don Joaquin Albarca, évêque de Léon, mon secrétaire d'état, de grâce et de justice, chargé du portefeuille universel du ministère des finances.

Signé de la main royale à Villa-Réal, le 19 décembre 1833.

Pour copie conforme,

JOAQUIN, *évêque de Léon.*

Le 14 mars 1834 je m'embarquai pour Bordeaux ; pris d'abord par des vents contraires, et ensuite par une tempête qui avait brisé mâts et voiles, je fus obligé de relâcher à la Corogne (port d'Espagne), le 23 mars. Je partis de cette ville le 26, et passant par Valladolid, Burgos, Vittoria, j'arrivai sain et sauf à Bayonne les premiers jours d'avril.

Qu'en débarquant à la Corogne, qu'en traversant toute l'Espagne, j'eusse été arrêté par les christinos, mis en prison, même en jugement, cela eût été rationnel ; mais il était, je l'avoue, loin de mes prévisions, que ce serait en France que quelques mois plus tard j'éprouverais un tel traitement. J'avais par prudence laissé tous mes papiers à la Corogne, ils devaient m'être expédiés par mer, je restai donc à Bayonne à les attendre, et pendant mon séjour en cette ville je me suis mis en rapport avec les juntes de Navarre et de Biscaye, avec le comte de Villemur ; j'annonçai que j'avais contracté un emprunt pour don Carlos, qu'aussitôt qu'il serait réalisé je ferais passer des secours en argent, en armemens, équipemens, en chevaux et munitions de toute espèce.

Il est nécessaire de bien faire remarquer qu'à cette époque ces expéditions se faisaient librement et ouvertement.

Ne voyant point à la fin d'avril mes papiers arriver de la Corogne, les vents du nord continuant à souffler, ayant reçu des lettres de Paris qui m'annonçaient que l'emprunt conditionnel que j'avais fait à Viana éprouvait des difficultés, je me déterminai à me rendre à Paris, où j'arrivai les premiers jours de mai.

J'annulai l'emprunt fait à Viana, et je traitai le 5 mai avec un banquier de l'émission à commission de cinquante mille obligations de 100 piastres chaque, faisant en francs 27 millions. Je fis même confectionner les obligations; mais pour qu'elles fussent mises en circulation, il fallait que les papiers que j'attendais de la Corogne fussent arrivés, parce qu'ils renfermaient le décret de Villa-Réal, du 19 décembre 1833, qui autorisait le dit emprunt. Ce décret ne me vint que le 3 juin, et le 4 du même mois j'en fis le dépôt chez M. Péan de Saint-Gilles, notaire à Paris.

Il est très-important de faire observer que le 4 juin l'emprunt de don Miguel circulait librement, et était coté à la Bourse sans aucun empêchement de la part du gouvernement français, que conséquemment celui pour don Carlos aurait pu être ouvert sans inconvénient; cependant, comme à cette époque il circulait des nouvelles désastreuses pour don Miguel; que l'on annonçait l'entrée de don Carlos en Espagne; que l'on parlait de l'embarquement de ce prince, soit pour l'Italie, soit pour l'Angleterre; qu'on disait que don Miguel et don Carlos avaient abdiqué et renoncé à tous leurs droits; enfin, comme on assurait que le traité dit de la quadruple alliance, imposé par l'Angleterre à la France, à l'Espagne, au Portugal, allait être bientôt ratifié par toutes les puissances et inséré dans le *Moniteur* et dans le *Bulletin des lois*, le banquier et moi jugeâmes convenable de suspendre momentanément l'émission des cinquante mille obligations de l'emprunt.

Nous eûmes à nous applaudir de cette réserve en apprenant que don Carlos était arrivé le 11 juin à Portsmouth; que le baron Haber s'était présenté à bord du bâtiment où se trouvait le prince, et qu'il avait contracté de suite un emprunt de cinq millions livres sterling, soit cent vingt-cinq millions de francs; et enfin que, le 14 juin, cet emprunt avait été ratifié par les parties contractantes.

C'est le 17 juin que je fus officieusement informé de ce nouveau traité; mais, le 25 du même mois, je reçus officiellement une lettre de Mgr l'évêque de Léon, datée du 22, qui m'annonçait le nouveau contrat fait entre don Carlos et M. Haber, le retrait de mes pouvoirs, et m'autorisait à transiger avec les personnes envers lesquelles j'aurais pu prendre des engagemens; et, à cet effet, je devais m'entendre avec M. Haber, nouveau contractant.

Cette lettre étant très-importante dans la cause, je dois la donner ici textuellement :

« Portsmouth, le 22 juin 1834.

« MONSIEUR,

« Informé de l'intéressant contenu de la lettre qu'il vous a plu de m'adresser, je m'empresse d'y répondre pour satisfaire à tous les articles qu'elle contient. Je commence par vous adresser les remercîmens les plus vifs pour toutes les démarches que vous avez faites pour obtenir, dans l'intérêt de la cause du roi, notre maître, quelques avantages politiques et financiers, malgré que ces avantages n'aient pas eu tout le résultat qu'on aurait désiré ; cependant je ne laisse pas d'apprécier le zèle avec lequel vous vous êtes occupé de cette affaire, ainsi que celui dont vous avez déjà donné beaucoup d'autres preuves.

« Il aurait été bien utile que l'on eût pu procurer quelques fonds au roi, notre maître, pour l'objet pour lequel vous avez fait tant d'efforts, dont vous me rendez compte et que j'ai appris, et pour lesquels je vous remercie infiniment; mais aussi les circonstances dans lesquelles il s'est trouvé ont été si critiques, que, d'un côté, désespérant de pouvoir procurer aux provinces les secours qu'on lui demandait avec instance, et ne voulant pas d'un autre côté contracter de nouvelles obligations sans savoir avant si vous aviez pu obtenir quelques résultats de votre commission, il a fallu cependant céder à l'impérieuse nécessité et traiter d'un nouvel emprunt pour venir au secours des provinces fidèles qui, avec tant d'instance et d'urgence, lui adressaient les suppliques les plus expressives pour lui peindre leur douloureuse situation.

« En conséquence, à peine arrivée dans ce port, sa majesté n'ayant reçu aucune nouvelle de vous, se décida, vu l'absolue nécessité, à contracter un emprunt dont l'opération naturellement annulait les pouvoirs que sa majesté vous avait concédés pour lui procurer un pareil secours.

« Vous sentez qu'il n'était pas possible d'agir autrement quand tout manquait, et que tout était si nécessaire pour sauver la juste cause que nous défendons, pour le triomphe de laquelle on doit considérer comme rien tous les sacrifices.

« Vous devez donc concevoir tout ce que j'ai dû ressentir en apprenant, par l'agent que vous m'avez envoyé, la contrariété que vous avez éprouvée de voir le nouveau traité conclu ; mais aussi je me flatte que cette peine n'aura pas duré, et que non-seulement vous aurez fait la part des circonstances, mais aussi que vous approuverez ce qui était fait.

« Pour concilier donc tous les intérêts, et afin d'éviter toute espèce de mésintelligence qui pourrait porter préjudice à la cause du roi, notre maître, il a été résolu que vous vous entendriez avec la nouvelle maison chargée de contracter l'emprunt, afin que, d'un commun accord et en bonne intelligence avec elle, vous puissiez résoudre toutes les difficultés, et réunir en une seule opération les deux opérations commencées ; à cet effet, le nouveau contractant vous prendra autant d'obligations et d'engagemens que vous aurez contractés, et même il traitera avec les maisons et les capitalistes avec lesquels vous aurez négocié ; car le dernier emprunt étant déjà approuvé et ratifié, il n'est pas possible de procéder autrement.

« Je ne doute pas que vous ne procédiez avec toute la maturité et toute la prudence qu'exige une affaire aussi délicate ; et, dans cette occasion, vous donnerez à sa majesté une nouvelle preuve du vif intérêt que vous prenez à sa cause.

« Recevez les expressions de mon affection invariable, avec lesquelles je suis,

« Signé, JOAQUIN, évêque de Léon. »

En vertu de cette lettre du 22 juin, je résiliai le 5 juillet suivant le contrat que j'avais passé le 5 mai ; mais cette résiliation était faite sauf l'approbation de don Carlos, et lorsque la personne envoyée à Londres par moi pour obtenir cette ratification se présenta au palais, ce prince avait quitté l'Angleterre, traversé la France, et était en Espagne..... (1).

C'est le 20 juillet que la police vint saisir tous mes papiers, lança un mandat d'amener, auquel je me suis soustrait seulement le temps nécessaire pour faire la traduction des papiers saisis, et le 8 août je me suis présenté volontairement chez M. le juge d'instruction.

J'ai subi un interrogatoire de cinq heures et demie, et le même jour je me suis constitué prisonnier à Sainte-Pélagie.

Le 30 septembre j'ai été interrogé de nouveau. Voilà l'analyse de mes rapports avec don Carlos et de ma conduite ; loin de moi de renier tous les sentimens qui m'attachent à ce prince. J'ignore comment on pourra, à l'aide d'un traité qui n'a jamais été publié, qui ne figure ni dans le *Moniteur*, ni dans le *Bulletin des lois*, traité dit de la quadruple alliance, j'ignore, dis-je, comment on pourra, même en donnant à ce traité un effet rétroactif, prouver ma culpabilité envers les lois françaises.... Il y a vingt-six ans que je connais don Carlos;

____

(1) Ici, dans le mémoire, une série de questions de droit que l'arrêt de la Cour de cassation et toute la discussion qui l'a précédé rendent superflu de rapporter.

non, ce prince ne peut être , et il ne sera jamais l'ennemi de la France : il a du sang de Louis XIV dans les veines.

Il prouvera à toute l'Europe qu'il est le digne petit-fils de saint Louis et de Henri IV, en soutenant des droits appuyés sur la plus belle légitimité , l'amour des peuples.

Paris, 25 octobre 1834.

TASSIN DE MESSILLY.

www.ingramcontent.com/pod-product-compliance
Lightning Source LLC
Chambersburg PA
CBHW061820060726
47597CB00008B/3278